Nadia Mocikat

Der Mensch ist, was er isst. Kritische Analyse des menschlichen Fleischkonsums

GRIN Verlag

Bibliografische Information der Deutschen Nationalbibliothek:

Die Deutsche Bibliothek verzeichnet diese Publikation in der Deutschen National-
bibliografie; detaillierte bibliografische Daten sind im Internet über http://dnb.d-
nb.de/ abrufbar.

Impressum:

Copyright © 2008 GRIN Verlag, Open Publishing GmbH
Druck und Bindung: Books on Demand GmbH, Norderstedt Germany
ISBN: 978-3-656-37290-5

Dieses Buch bei GRIN:

http://www.grin.com/de/e-book/209686/der-mensch-ist-was-er-isst-kritische-analyse-
des-menschlichen-fleischkonsums

GRIN - Your knowledge has value

Der GRIN Verlag publiziert seit 1998 wissenschaftliche Arbeiten von Studenten, Hochschullehrern und anderen Akademikern als eBook und gedrucktes Buch. Die Verlagswebsite www.grin.com ist die ideale Plattform zur Veröffentlichung von Hausarbeiten, Abschlussarbeiten, wissenschaftlichen Aufsätzen, Dissertationen und Fachbüchern.

Besuchen Sie uns im Internet:

http://www.grin.com/

http://www.facebook.com/grincom

http://www.twitter.com/grin_com

Komplexe Leistung

Fach: Ethik
Thema: Der Mensch ist, was er isst
Verfasser: Nadia Mocikat

Klasse: 10
Jahrgang: 2007/ 2008

Inhaltsverzeichnis

I   Einleitung

Gesunde Ernährung spielt in unserer heutigen Zeit eine wichtige Rolle. Fleisch, so glauben die meisten Menschen, ist ein wichtiges Nahrungsmittel. Gleichzeitig ist es auch ein sehr umstrittenes, sowohl aus gesundheitlicher als auch aus ethischer Sicht. Die weitläufigen Auswirkungen, die der Fleischkonsum auf unsere Gesellschaft und unsere Umwelt hat, sind den meisten Menschen nicht bewusst.

Ich möchte mit dieser Arbeit auf diese Probleme aufmerksam machen, zeigen, dass Fleischessen für eine gesunde Ernährung nicht notwendig und der Mensch gar nicht für Fleischnahrung bestimmt ist. Ich zeige das Leid der Tiere, aber auch das Leid, das den Menschen betrifft; körperliches wie seelisches.

Mein Ziel ist es, einen Prozess des Nachdenkens über die jetzige Situation der Tiere und damit auch der Menschen in Gang zu setzen, damit der Leser wieder anfängt, die Dinge zu hinterfragen und sich nicht manipulieren beziehungsweise steuern lässt.

Die inhaltlichen Schwerpunkte liegen auf der wissenschaftlichen Bedeutung des Fleisches für die Ernährung und damit verbunden, auf den Auswirkungen des Fleischverzehrs auf die menschliche Gesundheit. Ich verdeutliche die Probleme, die durch das Fleischessen verursacht werden, wie zum Beispiel den Klimawandel und die Hungersnot in der Dritten Welt. Als letzten Schwerpunkt beleuchte ich den Aspekt der Seele des Tieres und die Auswirkungen des Fleischkonsums auf die menschliche Seele.

Als erstes komme ich auf die Problematik zu sprechen, ob der Fleischverzehr für den Menschen notwendig ist. Ich kläre die Frage, wo der Fleischverzehr seinen Ursprung hat. Ich zeige, dass es wissenschaftlich nicht eindeutig bewiesen ist, dass der Fleischverzehr notwendig ist. In direkter Verbindung damit steht jetzt die Bedeutung des Fleischkonsums für die menschliche Gesundheit. Ich widerlege die allgemeine Lehrmeinung, indem ich die mit dem Fleischverzehr verbundenen Krankheiten aufzeige und auf entsprechende Studien verweise. Hieran schließen sich die mit dem Fleischkonsum entstandenen Probleme unserer Gesellschaft. Ich komme auf die Unwirtschaftlichkeit des Fleischverzehrs zu sprechen. Direkt daran schließen sich die dadurch verursachten Hungerprobleme der Dritten Welt. Ein weiteres schwerwiegendes und aktuelles Problem ist der Klimawandel, den ich als letzten Punkt benenne.

Im abschließenden großen Schwerpunkt führe ich die philosophische Frage der Seele an. Ich verdeutliche das Leid der Tiere und dass das blinde Ausbeuten der Tiere nicht ohne Konsequenzen für die menschliche Seele bleibt. Ich beweise, dass Tiere auch eine Seele besitzen. Anhand der christlichen Religion zeige ich, dass der Fleischverzehr weder aus ethischer, noch aus religiöser Sicht vertretbar ist.

Zu meiner Ausarbeitung habe in verschiedener Literatur recherchiert und infolgedessen Kontakte zu Wissenschaftlern geknüpft. Ich habe Ernährungsprofessoren kontaktiert, von denen ich unter anderem Auszüge aus Doktorarbeiten bekam. Weiterhin berufe ich mich auf der Quantenphysik basierende und philosophische Schriften. Auch fließen die Ergebnisse aus Internetrecherchen mit in den Inhalt ein.

II   Hauptteil

1.   Ist der Fleischverzehr notwendig?

1.1   Warum essen wir überhaupt Fleisch?

Beginnend mit der fünften Klasse lernt man im Geschichtsunterricht das Leben unserer Vorfahren kennen. Es wird gelehrt, dass diese Menschen vor allem JÄGER und Sammler waren. Der Begriff „Sammler" wird dabei oft nur nebenbei erwähnt. Begeistert erzählen dann die Geschichtslehrer, wie fortschrittlich diese Menschen waren und welche, für diese Verhältnisse, beeindruckenden Waffen sie hatten. Wir lernen: Der Mensch hat seit jeher Fleisch gegessen.

Die Vormenschen (Australopithecus) in der Frühzeit vor 4,8 Millionen Jahren ernährten sich von Pflanzenkost. Die biologische Verwandtschaft und Entwicklung weist eindeutig darauf hin. Schwer vorstellbar, wie der Mensch gleich einem Raubtier, den anderen Tieren nachgerannt ist, sie angefallen und mit den Händen und seinen kleinen Zähnen zerrissen und roh verzehrt hat. Ihm fehlen hierzu alle Voraussetzungen. Er lebte von dem, was die Natur in reichlicher Fülle bot.

Die Entdeckung des Feuers, die Zubereitungsmöglichkeiten von Nahrung und damit einhergehend die Erfindung von Speer und Bogen,   führten zu einer verhängnisvollen Entwicklung.

Mit dem Feuer, welches Prometheus der griechischen Sage zufolge dem Menschen gebracht hat, waren auch Mühsal und Plagen in sein Leben getreten, die der Mensch nun auf sich nehmen musste. Noch in Hesiods Werken („Werke und Tage" S. 94 ff.) wird von den Menschen erzählt, die Krankheit und Alter nicht kannten. Doch als Strafe für den Feuerdiebstahl des Prometheus sandte Zeus den Menschen die Pandora mit dem schreckensvollen Kochtopf. Alle Krankheiten und Gebrechen strömten hieraus: „Aber das Weib hob ab von dem Topf den mächtigen Deckel, streute mit Händen daraus: für die Menschheit sann sie auf Trübsal." [1]

Das Priestertum der vorchristlichen Zeit ist vermutlich für die Ausbreitung der Unsitte des Fleischverzehrs verantwortlich. Sie opferten den Göttern Fleisch, welches sie später selbst verzehrten. Sie nahmen an, sich somit die Kraft der Götter einzuverleiben. Noch heute wird ja angenommen, Fleisch sei eine Kraftnahrung.

Die Menschen fanden Gefallen an dieser neuen Nahrung und damit setzte der „Siegeszug"
der Fleischkost ein.

1 http://www.cosmopan.de/index2.html

   Baumgartl, Karlheinz: Der erste Schritt aus dem Teufelskreis: Die Alternative, Seite 8

1.2   Ist es wissenschaftlich belegt, dass Fleischverzehr lebenswichtig ist?

„Na ja, lebenswichtig vielleicht nicht, aber Fleisch gehört zu einer gesunden Ernährung dazu." Das oder so etwas Ähnliches werden viele Menschen auf diese Frage hin antworten. Denn das erzählen uns ja die Ernährungswissenschaftler. Doch ihre Erklärungen, warum, haben weder Hand noch Fuß.

Die Wissenschaft behauptet, der Mensch sei ein Fleisch- bzw. Allesesser. Theoretisch gesehen ist der Mensch imstande Tierfleisch zu essen. Das heißt jedoch noch lange nicht, dass dies für ihn in gesundheitlicher Form förderlich ist. Betrachtet man Körperbau und Veranlagung, stößt man auf Widersprüche zur allgemeinen wissenschaftlichen Lehrmeinung. Um dies deutlich zu machen, folgt nun eine Gegenüberstellung der fleisch- und pflanzenessenden Lebewesen hinsichtlich des Körperbaus und der Veranlagungen.

Fleischfressende Säugetiere	Pflanzenfressende Säugetiere/ Mensch
Haben Krallen	Haben keine Krallen
Keine Hautporen; kühlen über Körper durch Verdunstung über die Zunge	Hautatmung durch Millionen von Poren
Klappgebi[ss] (nur auf und ab)	Kaugebi[ss] (auch seitlich verschiebbar)
Scharfe, spitze Vorderzähne, um Tiere zu reißen	Keine scharfen, spitzen Vorderzähne zum Töten von Tieren
Keine abgeflachten Backenzähne zum zermahlen von Nahrung	Abgeflachte Backenzähne zum Zermahlen pflanzlicher Nahrung
Nur kleine Speicheldrüsen im Maul (da wenig Getreide und Früchte vorzuverdauen sind)	Gut ausgebildete Speicheldrüsen (notwendig, um Getreide und Früchte vorzuverdauen)
Saurer Speichel; kein Ptyalin- Enzym zur Vorverdauung von Getreide	Alkalischer Speichel; viel Ptyalin zu Vorverdauung von Getreide
Viel starke Salzsäure im Magen zur Verdauung zäher Tiermuskeln, Knochen usw.	Zehnmal schwächere Magensäure als Fleischfresser
Verdauungstrakt nur dreimal so lang wie der Körper, damit das schnell verwesende Fleisch rasch aus dem Körper gelangt	Verdauungstrakt mindestens sechsmal so lang wie der Körper, um Blätter und Getreide, die sich nicht so schnell zersetzen, zu verdauen

M1

7

Hieran ist deutlich zu erkennen, dass der Mensch von Natur aus ein Pflanzenesser ist. Die protein- und mineralstoffreichsten Teile der Tierleiche, wie Mark, Knochen und Innereien werden vom Menschen gar nicht mit verzehrt. Die Ernährungswissenschaftler propagieren aber gerade, dass im Fleisch viele wichtige Inhaltsstoffe enthalten sind. Vor diesem Hintergrund wird dieses Argument ad absurdum geführt.

Dies ist ein häufig verwendetes Argument gegen die vegetarische Ernährung. Doch das lässt sich leicht außer Kraft setzen, denn der Mensch kann sehr wohl auch ohne tierisches Eiweiß gesund leben. Der Mensch braucht gar nicht so viel tierisches Protein wie immer behauptet wird. Diese Behauptung stammt in erster Linie aus der Fleischindustrie. Jedoch nicht der Gesundheit zu liebe, sondern dem Profit. Der Mensch benötigt am Tag ungefähr 25-30 Gramm Eiweiß. Das lässt sich folgendermaßen beweisen: Während des Säuglingsalters braucht der Mensch die höchste Proteinkonzentration, da das Körpergewicht in wenigen Monaten verdoppelt werden muss. Die unstrittig naturgemäße und wertvollste Nahrung in den ersten Lebensmonaten eines Säuglings ist die Muttermilch. Diese enthält 2,8% Protein. Ein Erwachsener braucht daher auch nicht mehr als 2,8 % Protein in der Nahrung. Gemüse und Früchte enthalten 1,5-2 % Protein, Getreide 5-10 %. Fleisch dagegen enthält 15-25 % Protein. Dazu kommt noch, dass nicht alles Eiweiß gänzlich abgebaut werden kann. Die Eiweißreste lagern sich im Gewebe ab und es kommt zu Übergewicht. Speziell auf die Krankheitsproblematik werde ich im Gliederungspunkt „1.3 Unsere ‚gesunde' Ernährung und doch so viele kranke Menschen" eingehen.

Eine gesunde Ernährung soll in erster Linie dazu dienen, den Organismus gesund und fit zu halten. Das als ernährungsphysiologisch wertvoll angepriesene Fleisch, bewirkt das Gegenteil. Das Blut eines Fleischessers, unter einem Dunkelfeld-Mikroskop betrachtet, weist schlechte Fließeigenschaften, eine verminderte Sauerstoffaufnahme, „Geldrollen- Bildung" sowie ein gereiztes Immunsystem auf. Außerdem verändern sich die Bakterien des menschlichen Darmes, sobald Fleisch zugeführt wird. In wissenschaftlichen Untersuchungen hat man folgendes festgestellt:

Nach Fleischkonsum tritt

- Müdigkeit

- Temperaturerhöhung des Blutes

- Vermehrung der weißen Blutkörperchen (Leukozythose)

- Erhöhung der Klebrigkeits- (Viskositäts-)Grad des Blutes

- Verminderung der Alkalität des Blutes

auf.

Wohl schon jeder hat es an sich beobachten können, dass nach einer üppigen Fleischmahlzeit (Sonntagsbraten) Müdigkeit auftritt.

All das sind wesentliche Abwehrreaktionen des menschlichen Organismus auf Viren, Fremdkörper, Krankheitserreger et cetera.

1.3 Unsere „gesunde" Ernährung und doch so viele kranke Menschen

Wer bewusst seine Mitmenschen beobachtet, kommt leicht zu dem Schluss, dass kaum ein Mensch wirklich gesund ist. Fast jeder klagt über irgendein Leiden. Woher kommen nun die so genannten Zivilisationskrankheiten, wie Bluthochdruck, Herz- Kreislauferkrankungen, Diabetes, Rheuma, Arteriosklerose und Adipositas, um nur einige zu nennen. Weltweit erbringen immer mehr medizinische Untersuchungen den Nachweis, dass eine direkte Verbindung zwischen Fleischkonsum und den genannten Krankheiten besteht.

Tierische Produkte enthalten sehr viele gesättigte Fettsäuren. Ist die Zufuhr dieser Fettsäuren zu hoch, kann es zu einer Insulinresistenz kommen. Dies wiederum begünstigt das Entstehen von Zuckerkrankheit (Diabetes mellitus) und Übergewicht. Übergewicht ist ein Risikofaktor für Herz-Kreislauf-Erkrankungen, Herzinfarkt, Schlaganfall, Durchblutungsstörungen und vieles mehr. Dafür verantwortlich ist, dass die im Fleisch enthaltenen Eiweiße nicht hundertprozentig abbaubar sind (höchstens 70 % im Gegensatz zu pflanzlichen Eiweißen). Diese nicht abbaubaren Fleischeiweiße und Cholesterin- Fette lagern sich jetzt an den Arterienwänden ab und behindern so die Blutzirkulation im Körper. Das hat eine erhöhte Herzaktivität zur Folge, da das Blut jetzt durch die verhärteten und verengten Blutbahnen gepumpt werden muss.

2001 verzeichnete die NIH, die größte medizinische Forschungseinrichtung der Welt, ein erhöhtes Krebsrisiko beim Verzehr von rotem Fleisch. Die größten Rindfleischkonsumenten sind Argentinien und Uruguay. Bei diesen Ländern ist auch die höchste Brust- und Darmkrebsrate festzustellen. Die gesundheitsschädlichen Substanzen wie polyzyklische aromatische Kohlenwasserstoffe, heterozyklische Amine und N- Nitroso- Verbindungen entstehen beim Braten, Grillen und Räuchern von Fleisch. Diese Stoffe sind verantwortlich für verschiedene Krebsarten und die Schädigung des Herzmuskels. Fleischprodukte weisen weiterhin einen Tryptophanreichtum auf. Tryptophan ist eine Substanz, die von Krebszellen gierig aufgenommen wird. (siehe M5)

In Fleischprodukten ist durchschnittlich mehr Phosphor als Calcium enthalten. Ein erhöhtes Phosphor/ Calcium- Verhältnis hat eine verstärkte Freisetzung von Calcium aus den Knochen zur Folge. Studien wiesen den Zusammenhang zwischen einer hohen Phosphataufnahme durch Fleischnahrung und einem erhöhten Risiko für Knochenbrüche und Osteoporose nach.

Fleisch enthält weiterhin auch viel Arachidonsäure. Daraus bilden sich Entzündungsstoffe.

Diese wiederum führen zu Neurodermitis, Dünn- und Dickdarmentzündungen, Asthma, Arthritis, Arthrose und Rheuma.

Fleisch besitzt viele Hydroxylradikale, welche die Zell- und Gewebesubstanzen angreifen und nicht zuletzt mit verschiedenen Krankheiten in Verbindung gebracht werden. Auch ist eine große Menge an Purinen enthalten, bei dessen Abbau Harnsäure ersteht. Wenn nun zuviel Purin mit der Nahrung aufgenommen wird, kann die Harnsäure nicht in ausreichender Menge ausgeschieden werden. Die Folge ist jetzt ein erhöhter Harnspiegel im Blut, der sich dann als Gicht bemerkbar macht, da sich Harnsäurekristalle in den Gelenken ablagern. Auf die Gicht hin können noch Störungen der Nierenfunktion sowie Nierensteine folgen. (siehe M2)

Fazit: Fleisch ist Auslöser für viele schwerwiegende Krankheiten.

Die Gefahr, dass Fleisch gefährliche Bakterien- und Umweltgifte enthält, kommt hinzu.

In schöner Regelmäßigkeit treten Erkenntnisse über Fleischskandale zutage. Salmonellen, Staphylokokken oder enterohämorrhagischen E. coli können muffiges oder ranziges Fleisch besiedeln. Durch diese Bakterien werden Enterotoxine produziert, die die Zellen der Darmwand und der Gefäße angreifen. Blutige Durchfälle können die Folge sein. Die weit verbreitete Meinung, man könne die Bakterien durch Hitze oder Kälte abtöten ist nicht falsch. Aber die Gifte selbst sind hitze- und kälteunempfindlich. Sie dringen in das Innere des Fleisches ein.

Hinzu kommt, dass der Mensch die chemischen Stoffe, die den Tieren verabreicht werden mit aufnimmt. Die Organe und der biologische Kreislauf werden dadurch erheblich belastet. Aber das ist noch nicht alles: In einem getöteten Tier entstehen sofort gefährliche Leichengifte, da der Verwesungsprozess sofort einsetzt. Im menschlichen Körper wird der Verwesungsprozess fortgeführt und durch die Körperwärme beschleunigt. So entstehen giftige Gase und Säfte, die sich einige Tage im menschlichen Körper halten können. Der Stress den ein Tier vor dem Töten erlebt, führt zur Produktion von Stresshormonen (Adrenaline) im tierischen Körper. Diese Stresshormone sind ebenfalls hochgradig giftig.

Die Tiere nehmen in der Massentierhaltung schwer abbaubare Schadstoffe sowie Pestizide auf. Über tierische Nahrungsmittel werden circa 90 % aller Dioxine und Furane aufgenommen. Der Mensch, als „Endglied" der Nahrungskette, nimmt diese schädlichen Stoffe automatisch mit auf. Aber nicht nur Umweltgifte, auch radioaktives Cäsium wird mit aufgenommen. Cäsium ist vor allem in Wildschweinfleisch enthalten. Im Jahr 2004 hat das

Münchener Umweltinstitut bei Schwarzwild Spitzenwerte von 17.600 Becquerel gemessen. Der Grenzwert für Lebensmittel liegt jedoch bei 600 Becquerel.

Eine Pflanze produziert in ihrem Stoffwechsel Sauerstoff. Ein Tier nimmt diesen Sauerstoff auf, verwertet ihn und baut ihn in seinem Stoffwechsel wieder ab. Mit der Fleischnahrung nimmt man also eine „nicht im Auf-, sondern im Abbau begriffene Nahrung"[1] zu sich.

1 http://www.cosmopan.de/index2.html

Baumgartl, Karlheinz: Der erste Schritt aus dem Teufelskreis: Die Alternative, Seite

2. Fleischessen bringt nur Probleme

2.1 Viehwirtschaft - Die unwirtschaftlichste Form überhaupt

Betrachtet man den Vegetarismus von der wirtschaftlichen Seite, kann man feststellen, dass er die wirtschaftlichste Form der Volkswirtschaft ist. Dies wusste schon Platon, der in seinem berühmten Werk „Der Staat" darauf hinweist, dass die „allgemeine vegetarische Ernährung notwendig ist"[1] um die wirtschaftliche Grundlage gesund zu erhalten. Die Fleisch- und Viehwirtschaft dagegen ist die unwirtschaftlichste Form. Fleisch ernährt wenige auf Kosten vieler, da wertvolles Getreide, welches die Menschen ernähren könnte, an Tiere verfüttert wird. Zum Beispiel wird jährlich mehr Getreide an die amerikanischen Schlachttiere verfüttert, als die Bevölkerung von Japan und Indien zusammen benötigt. Ein Drittel der Weltgetreideernte wird an das Schlachtvieh verfüttert. Hinzu kommt noch die Fehlnutzung des Bodens. Der größte Landnutzer dieser Erde ist die Viehzucht. Rund 29 % der eisfreien Erdoberfläche nehmen allein die Weideflächen ein. Für die Futtermittelproduktion werden 33 % der gesamten Ackerfläche benötigt. Insgesamt betrachtet, kann man feststellen, dass die Viehzucht 70 % des gesamten landwirtschaftlich genutzten Landes einnimmt und sogar 30 % der gesamten Landoberfläche unserer Erde. Von der Landfläche, die eine Kuh benötigt, um sich zu ernähren, können 10 Menschen versorgt werden. Bezieht man sich mit diesem Gedanken auf die Gesamtbevölkerung Deutschlands, stellt man fest, dass allein die Landfläche Bayerns ausreichen würde, um alle gesund zu ernähren. Schon Sokrates war bekannt, dass durch die Erhöhung des Tierbestandes für zusätzliche Schlachttiere, weiteres Weideland benötigt wird und dadurch das Land plötzlich zu klein ist, um alle Bewohner zu versorgen und er sprach:„Und so werden [sie] in den Krieg ziehen müssen."[2] Hieran lässt sich auch gut der Ausspruch Leo Tolstois anfügen: „Solange es auf Erden Schlachthäuser gibt, solange werdet ihr auch Schlachtfelder haben!"[2]

„In einem 225 Gramm Steak ist sogar soviel Pflanzenenergie enthalten, da[ss] man mit dieser Energie rund 40 Menschen einen Tag lang vor dem Hungertod bewahren könnte!"[1]

Mit der Fleischproduktion einher, geht auch die Verschwendung von wertvollen Nahrungsmitteln. Zu Zeiten der Überproduktion von Nahrungsmitteln, besteht die Gefahr fallender Preise. Um dies zu verhindern, wird versucht den Überschuss vom Markt fernzuhalten. Aber trotzdem sollen mit den Überschüssen noch möglichst hohe Profite erzielt werden. Die Lösung hieß also: vermehrte Fleischproduktion. Den Tieren wurde das überschüssige Getreide verfüttert und das Fleisch verkaufte man später mit hohen Gewinnen. Die ideale Verschwendung stellt das Rindfleisch dar, denn „[e]in Kilogramm Rindfleisch entspricht rund 16 Kilogramm Getreide oder Sojabohnen."[1] Für den Menschen gehen die restlichen 15 Kilogramm (94 %) verloren, da Tiere viel mehr fressen, als letztendlich Fleisch entsteht. Und trotz der Tatsache, dass die Fleischwirtschaft größtenteils für die Verschwendung der Nahrungsmittel verantwortlich ist, wird die Produktion von Fleisch noch mit riesigen Summen subventioniert. Dies geschieht dann gleich zweifach auf Kosten des Verbrauchers, denn die Subventionen werden durch die Steuergelder finanziert. Im Jahre 1986 wurden „in der EG 650.000 Tonnen staatlich subventioniertes Rindfleisch überproduziert."[1] Den EG-Steuerzahler kostete dies 5,1 Milliarden DM. Auf der anderen Seite erhöhen sich zwangsläufig die Preise für gesunde Nahrungsmittel wie Brot, Obst und Gemüse. Das ungesunde Fleisch wird künstlich billig gehalten und für die gesunden Nahrungsmittel steigen die Preise. Ethisch gesehen ist dies für mich schon Hochverrat am eigenen Volk!

---

1 Zürrer, Ronald; Risi, Armin: Vegetarisch Leben: Die Notwendigkeit fleischloser Ernährung, Seite 14

2 http://www.zurwahrheit.de/ download.htm

Berner Rudi: Auf ein Wort, Seite 160

2.2   Wie die Probleme der Dritten Welt maßgeblich von der Fleischproduktion verursacht
werden

Aber die Industrienationen verschwenden nicht nur ihr eigenes Getreide, sondern sie
importieren es zusätzlich noch aus Ländern der Dritten Welt. 60 % der Futtermittel, die in der
Massentierhaltung verfüttert werden, kommen aus Entwicklungsländern. Das wirtschaftliche
Gleichgewicht gerät dadurch ins Wanken, da den dortigen Bauern das benötigte Ackerland
geraubt wird. Die Folge ist Nahrungsmittelknappheit. Dies wiederum führt dann zu
Importabhängigkeit und damit verbunden zu Ver- und Überschuldung. Dadurch sind die
betroffenen Staaten sogar gezwungen ihre hochwertige Pflanzennahrung zu verkaufen. Die
Vorteile der monetären Versprechen, wie sie die Weltmächte auf dem G-8 Gipfel in
Heiligendamm im Jahr 2007 an die Länder der Dritten Welt abgegeben haben, fließen letzten
Endes wieder den multinationalen Agrargroßproduzenten zu und keineswegs der verarmten
Bevölkerung.

Im Jahr 2006 wurden 1,57 Milliarden Tonnen Getreide geerntet. Jedem Menschen stünde
„pro Tag 652 Gramm Getreide"[1] zur Verfügung (bei einer Weltbevölkerung von 6,6
Milliarden Menschen). Und trotzdem sterben weltweit 852 Millionen Menschen am
Hungertod. Warum? Jährlich werden 49 % (die Hälfte der gesamten Ernte!!!) der globalen
Getreideernte an Schlachttiere verfüttert. Das ist noch nicht einmal der einzige Grund. Den
Menschen in der Dritten Welt wird ihre Lebensgrundlage, ihr Boden, genommen, da die
Industrienationen diesen für sich und ihre Fleischproduktion beanspruchen. Die
multinationalen Konzerne vertreiben die Kleinbauern von ihrem Land oder beuten diese aus.
Wie schon aufgeführt, benötigt die Futtermittelproduktion 33% der gesamten Ackerfläche.
Wissenschaftler sind nun zu der Erkenntnis gekommen, dass der Fleischverzehr der
Menschen in den Industrienationen Schuld an den Hungerproblemen dieser Welt ist. Nicht
die angebliche Überbevölkerung ist demnach Schuld an der Nahrungsmittelknappheit,
„sondern der Missbrauch von Nahrungsmitteln."[2] Thailand soll hier als Beispiel genannt
sein. Für die europäische Schweinemast wird dort Maniok angebaut. Der Anbau wurde seit
1979 fast verdreißigfacht. Gleichzeitig schrumpfte der Wald von „72 % auf 17 % der
Landfläche"[2]. Jährlich sterben in diesem Hauptanbaugebiet des Maniok 60.000 Kinder an
Hunger, knapp die Hälfte ist unterernährt und ein Zehntel der Kinder hat
Mangelerscheinungen.

Nicht anders sieht es mit dem Wassermangel aus, an dem ein Drittel der Weltbevölkerung zu leiden hat, der durch die Fleischproduktion verursacht wird. Zu diesem Ergebnis sind die 700 Wissenschaftler der „bislang umfangreichste[n] Studie zum Thema Süßwasserversorgung (Comprehensive Assessment of Water Management in Agriculture)"[1] gekommen. Der Verzicht auf Fleisch ist also die effektivste Methode, Wasser zu sparen. Rund 2000 Liter Wasser bedarf es um ein Kilogramm Getreide zu produzieren. Für ein Kilo Fleisch dagegen wird die fünffache Menge benötigt. 8 % des globalen Wasserverbrauchs werden für die Viehzucht verwendet, hauptsächlich für die Futtermittelproduktion. Es wird prognostiziert, dass bis zum Jahr 2025, 65 % Prozent der Weltbevölkerung in Gebieten lebe, in denen die Wasserversorgung kritisch sei.[1]

1 http://www.universelles-leben.org

2   Zürrer, Ronald; Risi, Armin: Vegetarisch Leben: Die Notwendigkeit fleischloser Ernährung, Seite 16

2.3 Fleischproduktion und der Klimawandel (Folgen der Massentierhaltung)

20 % des Gesamtenergieeinsatzes in Deutschland nimmt die Ernährung in Anspruch (Transporte inklusive). 44 % des Gesamtausstoßes an Treibhausgasen im Ernährungsbereich macht die Erzeugung von tierischen Lebensmitteln aus. (siehe M3) Global gesehen ist die Tierhaltung für 18 % des Treibhausgases verantwortlich. Die Herstellung von Fleisch benötigt viel fossile Energieträger. Dazu kommt der Energieverbrauch bei der Produktion der Futterpflanzen. Die Erzeugung von Fleisch trägt also erheblich zur Klimabelastung bei.

Wenn ein Kilo Fleisch hergestellt wird, werden 36 Kilogramm Kohlenstoffdioxid freigesetzt oder die Produktion dieses einen Kilos belastet das Klima genau so stark wie eine 250 Kilometer lange Autofahrt. Das meiste Kohlenstoffdioxid wird durch die Rodung des Regenwaldes verursacht. Im Amazonasbecken werden 70 % der abgeholzten Flächen als Weideflächen und ein großer Teil des Rests für den Anbau von Futtermitteln genutzt. Man muss hierzu auch noch bedenken, dass die abgeholzten Flächen nur für sehr kurze Zeit bewirtschaftet werden können, da der Boden schon nach kurzer Zeit ausgelaugt ist. Die ohnehin schon dünne Humusschicht wird zusätzlich noch vom Wind abgetragen. Der Boden trocknet aus, die Gebiete verwandeln sich in Wüsten und es kann zu Bodenerosionen kommen. In den USA werden 55 % der Bodenerosionen durch die Viehzucht hervorgerufen. Es müssen also immer mehr Flächen abgeholzt werden, ein Teufelskreis, aus dem es kein Entrinnen zu geben scheint. Hinzu kommt noch der enorme Wasserverbrauch der Rinder. Für die Futtermittelproduktion werden 8 % des gesamten globalen Wasserverbrauchs benötigt und der größte Wasserverschmutzer ist die Viehzucht gleichzeitig auch. Der anfallende Stallmist wirkt sich negativ auf die Umwelt aus, da er Boden und Wasser belastet. (siehe M4) Jedoch am klimaschädlichsten ist das Methan, welches die Tiere bei der Verdauung ausstoßen. Ein knappes Viertel der weltweiten Methangasemission wird von den gehaltenen Rindern und Schafen verursacht. Durch die Viehzucht entstehen jährlich 115 Millionen Tonnen Methangas. Dieser Aussage bedienten sich viele Menschen und schoben den Tieren einfach die Schuld am Klimawandel in die Schuhe. Dass jedoch dieser erhöhte Ausstoß erst dadurch verursacht wurde, dass der Mensch glaubt, Fleisch essen zu müssen, wird ignoriert. Seit 1900 ist die Methankonzentration in der Atmosphäre um etwa hundert Prozent gestiegen, weil die Menschen immer mehr und mehr Fleisch essen wollen. Ein Züricher Forscher will jetzt versuchen, den Rindern und Schafen die Blähungen abzugewöhnen. Wer noch etwas klaren Menschenverstand aufweist, merkt hoffentlich, dass dies völliger Irrsinn ist. Es ist doch viel einfacher den Menschen das Fleischessen abzugewöhnen.

Das Bayerische Landesamt schätzt, dass durch jeden Fleischesser 1,82 Tonnen Kohlenstoffdioxid pro Jahr produziert werden. Vegetarier dagegen erreichen Werte zwischen 0,65 und 0,98 Tonnen pro Jahr. Sie könnten sogar locker einmal nach Mallorca und zurück fliegen. Ihre Bilanz läge dann immer noch unter der des Fleischessers.

Ein eindeutiges Fazit ist also, dass die Viehzucht ein Hauptverursacher des derzeitigen ökologischen Desasters ist.

Durch eine vegetarische Lebensweise würden sich also viele Probleme lösen, wirtschaftliche, soziale und ökologische. Hierzu kommt noch, dass sich auch der gesundheitliche Zustand der Menschen verbessern würde. Erkennbar wird, dass der Vegetarismus eine ungeheure Tragweite besitzt, vor allem für die Zukunft jener Menschen, die in Hunger, Armut und Krankheit leben. Hier stellt sich dann die Frage, warum diese Lösung nicht weltweit angestrebt wird. Diese Frage zu beantworten ist nicht schwer. Hier sind wirtschaftliche Interessen im Spiel, zum Beispiel die der Banken und der Industrie. Denn an der Fleisch- und Viehwirtschaft hängt noch ein ganzes Bündel an anderen Industriezweigen. Durch den Fleischkonsum entstehen Krankheiten, die irgendwie wieder geheilt werden müssen. Hier macht die Pharmaindustrie ihre Gewinne.

3.   Fleischkonsum und die Seele

3.1   Das unvorstellbare Leid der Tiere

Den meisten Menschen ist nicht bewusst, welche Qualen ein Tier durchmachen muss, bevor er dessen Fleisch schön verpackt im Laden oder bereits zubereitet, auf seinem Teller vorfindet. Ich glaube, es ist ihnen noch nicht einmal bewusst, dass das, was sie da gedankenlos in sich hineinstopfen, vorher ein Lebewesen war, dass höllische Schmerzen erlitten hat. Aber woher sollen die Menschen dies auch wissen. Das Geschehen in den Schlachthöfen und Mastanlagen, wird, so gut es nur geht, von der Gesellschaft ferngehalten. Doch manchmal passiert es doch, dass etwas ans Licht der Öffentlichkeit gerät und durch die Medien bekannt wird. Die Öffentlichkeit ist dann zutiefst schockiert. Aber schon nach einiger Zeit rückt dies wieder in den Hintergrund und die Brutalität nimmt weiter ihren gewohnten Lauf.

Aus einer Statistik des Arbeitskreises Tierrechte und Ethik A.K.T.E kann man entnehmen, dass weltweit jährlich

-   „rund 16 Milliarden Hühner
-   1.5 Milliarden Rinder
-   1 Milliarde Schweine
-   1 Milliarde Enten
-   1 Milliarde Schafe
-   ¾ Milliarde Ziegen
-   ½ Milliarde Kaninchen
-   ¼ Milliarden Puten und Truthähne [und]
-   ¼ Milliarde Gänse"[1]

auf brutale Weise geschlachtet werden. Allein in Deutschland sind es 140 Millionen Tiere, die in Massentierhaltungsbetrieben gehalten und gequält werden. In den USA werden im Jahr mehr Tiere geschlachtet, als es Menschen auf der Erde gibt.

Die Tiere werden nicht mehr als Lebewesen angesehen, sondern als fleischproduzierende Maschinen. Von Geburt an führen die Tiere ein unwürdiges Leben - beginnend mit der „konzentrationslagergleichen Aufzucht"[2], den Hormonbehandlungen, Kastrationen, der Verabreichung künstlicher Nahrung zu Mastzwecken und endend mit dem langen, qualvollen Transport in extremer Todesangst und ohne Wasser und letztlich dem Mord im Schlachthof.

Ein deutscher Otto Normalverbraucher konsumiert im Jahr circa 226 Hühner (Eier, die als Zutaten in diversen Gerichten verwendet werden, mitgerechnet). Der größte Schweineproduzent der Europäischen Union ist Deutschland. 40 Millionen Schweine werden jährlich in Deutschland geschlachtet. Schweine werden ähnlich den Hühnern in Mastboxen und Drahtkäfigen gehalten. Einem Tier steht eine Fläche von 0,65 Quadratmetern zu. Die Folge sind schwere Verhaltensstörungen. Die Tiere beißen sich gegenseitig die Schwänze ab, was wiederum zu Infektionen führt. Deshalb werden den jungen Ferkeln bei vollem Bewusstsein die Schwänze abgeschnitten, die Eckzähne mit einem Seitenschneider abgezwickt und männliche Schweine werden mit einem scharfen Messer kastriert, denn der deutsche Bürger empfindet das Eberfleisch als ungenießbar. Am Ende ihrer Mastzeit sind die meisten Tiere lungenkrank, da sie die ganze Zeit die Ammoniakdämpfe ihrer eigenen Exkremente einatmen müssen.

Wie die Schweine müssen auch die Mastrinder den Dunst ihrer Exkremente einatmen, da sie auf Metallrosten stehen, durch die der Kot getreten wird. Circa 4 Millionen Rinder werden jährlich in Deutschland geschlachtet. Einen beträchtlichen Teil haben hier auch die „Milch-Turbo-Kühe"[1]. Unmittelbar nach der Geburt werden die Kälber von ihren Müttern getrennt und in eine separate Mastbox, die kaum Bewegungsfreiheit gewährt, gesperrt. Die Kälber erhalten Milchaustauschstoffe (Magermilchpulver, Talg, Walfett, und viel Salz) statt der natürlichen Kuhmilch. Der hohe Salzgehalt führt zu einem ständigen Durstverlangen, so dass sie immer mehr davon aufnehmen müssen. Dadurch erreichen die Kälber schon nach 5 bis 6 Monaten ihr Schlachtgewicht von 250 Kilogramm. Um noch mehr an Gewicht zuzulegen, herrscht in den Ställen eine Temperatur von 30- 36° Celsius. Dadurch schwitzen die Rinder und müssen noch mehr Flüssigkeit aufnehmen.

Nachdem alle Tiere nun ihr Schlachtgewicht erreicht haben, müssen die Tiere zum Schlachthof transportiert werden. Der Transport kann mitunter tage- oder wochenlang dauern. Hier spielt wieder die Profitgier eine Rolle, denn der Export lebender Tiere wird höher subventioniert als der Export von geschlachteten Tieren. Während des Transports bekommen die Tiere keine Nahrung oder Wasser. Ist der Transporter am Schlachthof angekommen, werden die völlig erschöpften Tiere mit elektrischen Stromstößen und Stockschlägen aus dem Wagen getrieben und diejenigen, die sich vor Schwäche nicht mehr auf den Beinen halten können, werden durch Seilwinden herausgezogen. Die meisten überleben dieses Martyrium nicht oder werden von den anderen Tieren zu Tode getrampelt. Am Ende ihres Höllenlebens erwartet das Schlachtermesser die zu Tode erschöpften und vor Schmerzen fast ohnmächtigen Tiere.

Die vor Qualen brüllenden Tiere werden durch „Hammerschläge, Elektroschocks oder Bolzenschusswaffen"[2] betäubt. Doch es ist keine Seltenheit, dass die Tiere nicht richtig betäubt wurden und so werden sie bei lebendigem Leib an einem Haken aufgehängt und aufgeschlitzt. Die Tiere erleiden einen qualvollen Tod, der bis zu 10 Minuten dauern kann. All das tun die Menschen den Tieren an, einzig und allein deswegen, damit sie Fleisch essen können.

Ich werde nun auf den Text „Zwei traditionelle Vorurteile zugunsten der Menschen", verfasst von Jean - Claude Wolf, näher eingehen und seinen Standpunkt zum moralischen Status von Tieren verdeutlichen. Das zentrale Problem besteht darin, ob die Annahme richtig ist, dass es eine objektive Werteordnung gibt, bei der die „voll entwickelte menschliche Person [...]"[3] den höchsten Rang einnimmt. Des Weiteren ist die Überzeugung vorhanden, dass nur Menschen eine unsterbliche Seele besitzen, beziehungsweise ein „Ebenbild Gottes"[3] sind.

Der Autor selbst hält die „Schau von Werteordnungen und fixen Prioritätsordnungen für ein Hirngespinst"[3].

Als erstes wird die These aufgestellt, dass die „objektive Wertehierarchie"[3] einen übergeordneten Betrachter voraussetzt, dem es möglich ist, losgelöst vom menschlichen individuellen Standpunkt die Werteordnung zu betrachten. Hierzu wird die Bedingung gestellt, dass diese Werteordnung nur dann für die Menschen verbindlich sein kann, wenn sie „umfassend offenbart worden ist" und sie blinden Gehorsam gegenüber Gott leisten oder wenn sie sich selbst in den „Standpunkt des Universums"[3] versetzen können. Diese Bedingung wird jetzt aber in Frage gestellt, ob man etwas aus eigenem Blinkwinkel betrachten, gleichzeitig aber vom eigenen Standpunkt und eigener Betrachtungsweise absehen kann. Auf der Annahme basierend, dass eine völlige Objektivität möglich wäre, wird nun die Frage gestellt, ob eine Person, die diesen Standpunkt einnehmen kann, gerade deshalb „der berufene [...] Richter"[3] ist und „inmitten alles Seienden absolute Überlegenheit beanspruchen [darf]"[3] Weiterhin wird die Frage gestellt, ob die Menschen daraus, dass sie in der Lage sind, sich in andere Lebewesen zu versetzen, schließen dürfen, ob unser Leben schlechthin – und nicht nur *für uns* - reicher und sinnvoller sei[3]. Dieser Frage wird insofern zugestimmt, dass in bezug auf das, was *uns* wichtig ist, wir tatsächlich ein reicher ausgestattetes Leben führen, als nichtmenschliche Wesen. Diese Behauptung wird aber widerlegt, indem gesagt wird, das doch jedes Lebewesen stolz auf seine Gattungsmerkmale sei[3] und *diese* sind es, die das Leben für jenes Lebewesen reich und interessant machen. Die Annahme, dass des Menschen Leben ein Wertvolleres sei, als das eines anderen Wesens, ist somit wiederlegt. Daraus ergibt sich dann die Schlussfolgerung, dass Einschätzungen über ein „lebenswertes Leben [...] letztlich immer aus der Perspektive jener Wesen"[3] vorgenommen werden sollen, deren Lebenswert es zu beurteilen gilt. Dies wird anhand eines Beispiels begründet. Stellt man die Vermutung an, ein relativ ausgeglichener und kultivierter Mensch hätte aus seiner eigenen Sicht ein reicheres und sinnvolleres Leben als ein an Unterernährung sterbender Säugling (ebenfalls aus seiner Perspektive, insofern man sich in diese versetzen könne und mit Berücksichtigung, was aus dem Kind hätte werden können, wären bessere Bedingungen gegeben), „so ist ein solcher Wertevergleich keine Grundlage für eine [Herabsetzung] des moralischen Status eines Wesens und der Zumessung seiner Grundrechte"[3]. Die Folgerung, dass ein Lebewesen weniger Anspruch auf die „Vermeidung von Schmerz, Angst, Tötung etc."[3] hat, nur weil es aus der eigenen Sichtweise ein ärmeres und weniger sinnvolles Leben führt, ist damit widerlegt. Ein weiterer Grund, warum viele Menschen, vor allem Forscher, glauben, das Leben eines Tieres sei weniger Wert, ist folgender: Labortiere, „denen so gut wie alles vorenthalten wird, was sie für ihr physisches Wohlbefinden brauchen", zeigen oft Verhaltensstörungen wie zum Beispiel Spucken, Kratzen, Beißen oder gelangweiltes vor sich hinfressen. Viele Wissenschaftler kennen aber nur solche Labortiere und vergessen dabei das wirkliche Verhalten der Tiere in freier Natur. Diese Deformationen sind Bestandteil des „Gefangenenstereotyps: Tiere können sich langweilen!"[3]

Als völlig unhaltbar wird die Behauptung, nur „voll entwickelte Personen hätten [...] einen höheren Wert, weil sie und nur sie moralische Akteure seien"[3] dargestellt. Begründet wird dies dadurch, dass die Wertdifferenz, die im Einzelnen oft schwer oder gar nicht zu ermitteln sei, keine „Grundlage für eine Abstufung des moralischen Status"[3] ist. Von höherer Bedeutung ist die Tatsache, „da[ss] die unveräußerliche Würde, die uns - ob wir unsere moralischen Fähigkeiten entwickeln oder nicht - als moralischen Akteuren zukommt, keineswegs den Charakter eines Verdienstes hat."[3] Der Begriff des Verdienstes ist streng genommen nur auf moralisch agierende Personen anwendbar, aber nicht, weil sie moralische Akteure sind, sondern aufgrund ihrer Bemühungen, „ihrer Anstrengung und manchmal auch ihres glücklichen Erfolges." Es gibt aber keinen Grund, dass ein Igel weniger Recht auf Anerkennung hat, als eine „tugendhafte Person"[3].

Die zweite These, „nur Menschen seien beseelt oder [ein] Abbild Gottes"[3] wird ebenfalls widerlegt, indem gesagt wird, dass dies „kein [...] gute[r] moralische[r] Grund [ist,] die Leiden oder das Leben von Tieren weniger ernst zu nehmen."[3] Dies wird weiterhin gestützt, durch die Aussage, dass gerade das Gegenteil die Überzeugung bekräftigt, dass es gerade im

Leben von Menschen Wichtigeres gebe, als bloßes Am-Leben-Sein oder bloße Lustmaximierung und Unlustminimierung.[3] Der Autor ist weiterhin der Meinung, dass es auf roher Gedankenlosigkeit beruht, wenn Menschen den Tieren keine unsterbliche Seele zuschreiben.

Er stellt deren Gedanken in Frage, ob das Werk der Erlösung an den Tieren vorbeigehen würde. Es wäre doch gerade den Tieren zu gönnen, wenn sie im Himmel für ihre Leiden, die sie nicht einmal verstehen oder akzeptieren können, kompensiert würden. Der Autor endet mit der Frage, ob „etwa die Tiere und nicht die Menschen [...] ein Schandfleck in der Natur"[3] sind.

Ich stimme dem Gesagten zu, weil es keinen wirklichen Grund gibt, dass der Mensch, nur weil er das höchst entwickelte Wesen ist, das Recht hat, sich über alle anderen Lebewesen zu stellen und sie zu versklaven. Gerade weil er am höchst Entwickeltsten ist, sollte er sich um das Wohlbefinden der anderen bemühen und sie nicht ausbeuten. Dies zeugt für mich eher von geistiger Schwäche und Kleingeist, denn es bedarf keiner großen Kunst, einen Schwächeren und Wehrlosen zu töten.

Aus meinen eigenen Erfahrungen mit Tieren, weiß ich, dass ein hohes Maß an Verständigung auf emotionaler Ebene möglich ist.

Rein intuitiv bringe ich persönlich jedem Tier eine hohes Maß an Achtung und Respekt entgegen und erlebe die Antwort in Form von Zuneigung, spielerischem Schabernack oder gelangweilt sein.

Durch meinen regelmäßigen Umgang mit meinen Pferden erlebe ich, dass sie mir besonders zugetan sind und auf mein Rufen sofort antworten oder kommen.

Daraus ziehe ich den Schluss, dass die Tiere über eine Form von Intelligenz verfügen. Diese Intelligenz hat man heute mittlerweile auch wissenschaftlich nachweisen können, die emotionale Intelligenz.

1 http://veganchris.at/jurisch.pdf

2 Zürrer, Ronald; Risi, Armin: Vegetarisch Leben: Die Notwendigkeit fleischloser
  Ernährung, Seite 12, 13

3 Wolf, Jean-Claude: Tierethik: Neue Perspektiven für Menschen und Tiere, Seiten 111 bis
  117

3.2 Tiere haben eine Seele

Wenn man sich selbst einmal betrachtet, sieht man zuerst nur einen fleischigen Körper. Doch dieser ist nur die Spitze des klassischen Eisbergs. Würde man beispielsweise seine Hand unter ein geeignetes Mikroskop legen, wird man „eine Masse von vibrierender Energie" [1] sehen.

Alles im Universum ist Energie. Alles besteht aus ein und demselben Stoff, egal ob es unsere Hand, eine Pflanze, das Meer oder ein Stern ist. Im Universum gibt es eine Vielzahl von Ebenen: die Milchstraße, die Planeten, einzelne Organismen, dann Zellen, Moleküle und schließlich Atome, „aber alles im Universum ist Energie." [2] Somit sind auch wir nicht der begrenzte Körper, den wir sehen, sondern Energie. Über Energie wissen wir, dass sie weder erschaffen noch vernichtet werden kann. Fragt man einen Quantenphysiker, was Energie sei, so wird er antworten: „Energie kann niemals erschaffen oder vernichtet werden. Energie war immer und ist immer gewesen. Alles, was jemals existierte, existiert immer, es bezieht eine Form, geht durch die Form und verlässt die Form." [3] Würde man einen Theologen fragen, würde er die oben genannte Energie als Gott bezeichnen. Beschreiben wird er ihn folgendermaßen: „War immer und ist immer gewesen, kann niemals erschaffen oder vernichtet werden. Alles was jemals war, wird immer sein; es bezieht eine Form, geht durch die Form und verlässt die Form." [3] Man erhält also die gleiche Beschreibung, nur in verschiedener Terminologie.

Diese Energie, kann auch als Seele oder göttlicher Funken bezeichnet werden. In dem Moment, indem die Seelen mit der Materie in Berührung kommen, werden sie zu einem Ding. „[S]ie werden, wie immer in den Veden zu lesen ist, ‚bedingt'." [4] Eine Seele ohne Hülle auf der Erde anzutreffen, ist unmöglich. Man spricht ja auch von der Einheit von Körper und Seele. „Gehalt bringt die Form mit; Form ist nie ohne Gehalt" [5], das heißt, sobald die Seele (Gehalt) in Kontakt mit der Materie kommt, wird sie zu einem Körper (Form). Ein Körper wiederum hat immer eine Seele. Eine Seele kann demzufolge jede Form annehmen, also auch die Form eines Tieres.

Im Universum macht die Seele jetzt einen gewaltigen Entwicklungsprozess durch, am Ende dessen dann die Entfaltung eines individuellen Bewusstseins steht. Dabei gilt es alle vier Naturreiche zu durchschreiten; das Reich der Mineralien, das Pflanzen- und Tierreich und das Reich der Menschen. [6] Dies belegt eine alte Legende, welche besagt: „Gott schläft im Felsen, träumt in der Pflanze, regt sich im Getier und erwacht im Menschen." [7] Tiere haben also genau wie Menschen eine Seele, sie sind unsere Seelengefährten. Aus den Tierseelen nämlich entwickeln sich die Menschenseelen. Zerstört man also vorzeitig den gegenwärtigen Körper einer Seele, was beim Schlachten der Fall ist, bleibt die Auswirkung des Fleischkonsums auf den Menschen nicht ohne Konsequenzen. Aber leider kann man den „Seelengehalt" eines Körpers nicht messen. Viele Wissenschaftler stempeln dies daher als nicht beweiskräftig ab.

„Daran erkenn ich [die] gelehrten Herrn!

Was ihr nicht tastet, steht euch Meilenfern,

Was ihr nicht fa[ss]t, das fehlt euch ganz und gar,

Was ihr nicht rechnet, glaubt ihr, sei nicht wahr,

Was ihr nicht wägt, hat für euch kein Gewicht,

Was ihr nicht münzt, das, meint ihr, gelte nicht."[8]

1 Byrne Rhonda: The Secret, Seite 185

2 Byrne Rhonda: The Secret, Seite 186

3 Byrne Rhonda: The Secret, Seite 189

4 http://www.zurwahrheit.de/ download.htm
   Berner Rudi: Auf ein Wort. Seite 215

5 Goethe, Johann Wolfgang: Faust: Der Tragödie zweiter Teil, Seite 257

6 http://www.zurwahrheit.de/ download.htm
   Berner Rudi: Auf ein Wort. Seite 216

7 The Secret- Das Geheimnis, Outtakes 2 min 3 sec.

8 Goethe, Johann Wolfgang: Faust: Der Tragödie zweiter Teil, Seite 16

3.3 Wie sich der Fleischkonsum auf die menschliche Seele auswirkt

Im Universum gilt das Gesetz des Karma oder Aktio = Reaktio. Dieses besagt, dass jede Handlung, egal ob gut oder schlecht, eine dem entsprechende zukünftige Konsequenz festsetzt. Oder einfacher gesagt: „Was du säst, das wirst du ernten". Auch in der Bibel finden sich dafür Beweise, wie zum Beispiel in der Bergpredigt: „Verurteilt nicht andere, damit Gott nicht euch verurteilt! Denn euer Urteil wird auf euch zurückfallen, und ihr werdet mit demselben Maß gemessen werden, das ihr bei anderen anlegt."[1] Also folgt jedem menschlichen Tun gemäß diesem Gesetz eine entsprechende Reaktion. Aber nicht nur im Bereich des Physikalischen („gemäß dem Dritten Axiom der klassischen Mechanik nach Isaac Newton"[2]) sondern in jedem Bereich. Hierzu zählt dann auch das Zufügen von Leid und Schmerz einem anderen Lebewesen, wie es beim Töten von Tieren zwecks der Ernährung eben der Fall ist. Manch einer könnte jetzt natürlich sagen, dass er ja das Tier gar nicht selber töte, denn das mache ja der Schlächter. Es sind jedoch alle Menschen davon betroffen - Züchter, Metzger, Händler und letztendlich auch der Konsument. Alle diese Taten, die jeder Einzelne ausführt, werden also früher oder später auf den Menschen zurückfallen.

Tiere können, genauso wie Menschen, Emotionen wie zum Beispiel Freude und Schmerz empfinden. Jeder, der selbst ein Tier hat, kann dies bestätigen. Ebenso wie bei einem Menschen, erkennt man am Ausdruck der Augen und am allgemeinen äußeren Erscheinungsbild den seelischen Zustand eines Tieres. (siehe M5) Ein Tier, welches in Massentierhaltung sein kurzes Dasein fristen muss, wird sich kaum in irgendeiner Weise wohl bzw. gut fühlen. Die schlechten bzw. negativen Emotionen sind also vorherrschend. Emotionen und Gedanken haben bestimmte Frequenzen, sie schwingen also. Diese kann man sogar mit der heute verfügbaren Technik messen.

Das Tier, welches leidet, ist also immer den negativen Frequenzen ausgesetzt, die nach und nach den ganzen Leib des Tieres durchziehen. Wird das Tier dann zum Schlachten geführt, bekommt es sofort Todesangst (die Todesängste beim Transport kommen natürlich auch noch dazu). Sie spüren genau, was ihnen bevorsteht. Die Tiere werden brutal zum Messer getrieben, weil sie sich dagegen sträuben. Welches Wesen rennt freiwillig in den Tod? Dieses Tier, was nun in Todesangst geraten ist, „vergiftet [...] innerhalb kürzester Zeit seinen gesamten Organismus mit der Schwingung der Angst."[3] Diese Schwingung durchdringt jede einzelne Zelle des Tierkörpers. Es waren in der Vergangenheit Fälle zu beobachten, bei denen Menschen Vergiftungen erlitten haben, weil sie Thunfisch aus der Dose aßen. Das Fleisch war deshalb vergiftet, weil die Fische bei lebendigem Leib zersägt wurden und dabei eine solche Angst erlitten, was wiederum im Körper den Anlass gab, ein bestimmtes Gift zu produzieren, das dann in das Fleisch einging. Angst kann man also essen, denn in jedem Stück Fleisch sitzt das Gift der Angst. Die Auswirkungen sind deutlich zu spüren.

Depressionen und Angstzustände sind mittlerweile Volkskrankheit Nummer eins. Jeder zweite Bürger ist davon betroffen - mit steigender Tendenz.

In einer Studie von 1998 wurde festgestellt, dass Angst und Depressionen bei Fleischessern häufiger auftreten als bei Vegetariern.

1 Bibel. Matthäus 7,2

2 Zürrer, Ronald; Risi, Armin: Vegetarisch Leben: Die Notwendigkeit fleischloser
   Ernährung, Seite 39

3 http://www.zurwahrheit.de/ download.htm
   Berner Rudi: Auf ein Wort, Seite 160

3.4 Und in der Bibel steht geschrieben...

..., dass Jesus und die Urchristen eindeutig Vegetarier waren. Jesus lehrte die Tiere zu lieben, denn er wusste von deren Seele.

Denn auch Gott sprach: „Als Nahrung gebe ich euch die Samen der Pflanzen und die Früchte, die an den Bäumen wachsen, überall auf der ganzen Erde."[1] Gott sieht also für den Menschen eine vegetarische, also gewaltfreie Ernährung vor, denn es ist anzunehmen, dass er nur das Beste für seine Schöpfung will.

Die ersten Heiligen, Kirchenlehrer und direkten Nachfolger Jesu ernährten sich fleischlos. Dies geht aus den frühchristlichen Schriften hervor. Ein Beispiel für urchristliche Vegetarier ist zum Beispiel der heilige Hieronymus (447- 419). Weiterhin war er ein Tierfreund. Eine Geschichte besagt, dass Hieronymus in der Wüste Chalkis in Syrien einem Löwen einen Dorn aus der Pfote entfernte. Seit dem waren er und der Löwe Freunde. Weiterhin wird in einem Brief von ihm an Juvenian deutlich, dass „[d]er Genuss des Tierfleisches [...] bis zur Sintflut unbekannt [war]; aber seit der Sintflut hat man uns die Fasern und stinkenden Säfte des Tierfleisches in den Mund gestopft... Jesus Christus, welcher erschien, als die Zeit erfüllt war, hat das Ende wieder mit dem Anfang verknüpft, so dass es uns jetzt nicht mehr erlaubt ist, Tierfleisch zu essen."[1] In einer anderen Stelle diesen Briefes heißt es: „Und so sage ich zu euch: Wenn ihr vollkommen sein wollt, dann ist es förderlich ... kein Fleisch zu essen."[1]

Folgenden Vers findet man im Hebräerevangelium, von dem aber nur noch wenige Bruchstücke überliefert sind. „Jünger: Wo willst du, dass wir dir das Passahmahl zurichten? Jesus: „Begehre ich etwa, an Passah Fleisch mit euch zu essen?"[1] (Hieronymus, Adv. Haer. I. 26)

Auch sollte man die zehn Gebote nicht außer Acht lassen. Das fünfte Gebot besagt: „Du sollst nicht töten". Und dies bezieht sich nicht ausschließlich auf den Menschen, sondern auf alles Leben. Denn in hebräisch, der Originalsprache, heißt dieses Gebot: „lo tirtzach". „Lo" bedeutet übersetzt „du sollst nicht" und „tirtzach" bezieht sich auf „jede nur erdenkliche Art des Tötens", wie man dem Standardwörterbuch „The Complete Hebrew / English Dictionary" von Dr. Reuben Alcalay entnehmen kann.[1]

„Da schickte er zwei seiner Jünger voraus und sagte zu ihnen: Geht in die Stadt; dort wird euch ein Mann begegnen, der einen Wasserkrug trägt. Folgt ihm, [...] der Hausherr wird euch einen großen Raum im Obergeschoss zeigen, der schon für das Festmahl vorbereitet ist. Dort bereitet alles für uns vor."[1] So heißt es in Markus 14, 13f (Lutherübersetzung). Beim erwähnten Festmahl handelt es sich um das Paschamahl, übersetzt Ostermahl. Früher gingen aber ausschließlich die Frauen Wasser holen. Wer war also dieser Mann? Er muss ein Essener gewesen sein, denn von ihnen weiß man, dass sie damals schon strenge Vegetarier waren. Sie hätten nie zugelassen, dass ein Tier in ihrem Haus verzehrt wird. Aber darüber mussten sie sich keine Sorgen machen, denn Jesus und seine Jünger waren Vegetarier. Das Ostermahl bestand aus Zwiebeln (oder Tomaten), Brot und ungegorenem Wein, also rein vegetarisch, ohne getötetes Lamm, wie oft behauptet wird.

1 Bibel. Genesis 1,29

2 http://www.vegetarisch-geniessen.com/0503/artikel/bibel/index.html

III   Schluss

Zusammenfassend komme ich zu dem Schluss: Durch den Verzicht auf Fleisch würden sich viele Probleme von selbst lösen. Angefangen bei der eigenen Gesundheit, die sich erheblich verbessert, sobald dem Körper kein Fleisch mehr zugeführt wird. Die belastenden Gifte sowie die krankheitsauslösenden Stoffe fallen weg, die im Fleisch enthalten sind.

Wie meinen Darlegungen zu entnehmen ist, hat der Fleischverzehr mit der Erfindung der Waffen und der Entdeckung des Feuers begonnen und damit eine für den Menschen verhängnisvolle Entwicklung. Dies ist erkennbar an der nicht funktionierenden Wirtschaft und der damit verbundenen Armut der so genannten Entwicklungsländer. Der Mensch bringt durch den Fleischgenuss sich selbst und seine Umwelt in Gefahr. (siehe unter anderem Klimawandel) Er schadet seinem eigenem Seelenbefinden, da er seine Seelengefährten tötet, um sie zu verzehren. Dies macht sich in den Auswirkungen des Karmagesetzes und den Depressionen, die die Menschen heimsuchen, bemerkbar.

Um die Ernsthaftigkeit meines Themas zu untermauern, war es unumgänglich wissenschaftliche Fakten an den Anfang zu stellen. Erst dadurch kann verständlich dargelegt werden, dass ein nicht benötigter Bestandteil der Ernährung in zwingend logischer Konsequenz auch verheerende wirtschaftliche und politische Probleme mit sich bringt. Die ethische Betrachtung zu meinem Thema baut schlussendlich auf diese Darlegungen auf.

In unserer heutigen Gesellschaft vermisse ich die Auseinandersetzung mit diesen Zusammenhängen. Weder in den Massenmedien noch im Bildungswesen werden die Menschen zum Nachdenken aufgefordert. Meines Erachtens ist dies aber auch gar nicht gewollt. Die Nutznießer der Fleischindustrie würden ungeahnte Profiteinbußen hinnehmen müssen. Im Mindesten sehe ich jedoch in den Schulen unseres Landes das Potenzial dafür, den Kindern diese Hintergründe nahe zu bringen um selbst zu entscheiden, was richtig ist.

Erfreulicherweise nimmt die Zahl der vegetarisch lebenden Menschen, gerade auch unter jungen Leuten immer mehr zu. Dies ist nicht zuletzt in direktem Zusammenhang mit der Zunahme des Ökotrends zu sehen.

Der Vegetarismus bietet also eine gute Alternative und eine Chance auf ein besseres Leben für den Menschen, aber auch für die Tiere.

IV   Anhang

M1   Zürrer, Ronald; Risi, Armin: Vegetarisch Leben: Die Notwendigkeit fleischloser Ernährung, Seite 9

M2   Übersicht über Harnsäure- Cholesterin- und Chlorophyllgehalt in der Nahrung

Durchschnittlich auf 100g			
Es beträgt der Gehalt an	Harnsäure	Schädlichem Cholesterin	Wichtigem Chlorophyll
Bei Wild und Geflügel	130- 180 mg	70- 140 mg	0 mg
Bei Fischen und Fischwaren	100- 560 mg	20- 70 mg	0 mg
Bei Wurstwaren	70- 140 mg	70- 100 mg	0 mg
Bei Fleisch (Rind, Schwein, Schaf)	120- 200 mg	70- 100 mg	0 mg
Bei Innereien (Niere, Leber, Bries)	240- 1030 mg	70- 120 mg	0 mg
Bei Eiern	1 mg	270 mg	0 mg
Bei Milch, Sahne, Quark, Käse	0 mg	12- 100 mg	0 mg
Bei Butter	0 mg	240 mg/ 100g	0 mg
Bei Früchten	7- 10 mg	0 mg	0 mg
Bei Beeren	10- 12 mg	0 mg	0 mg
Bei Gemüsepflanzen	10- 30 mg	0 mg	0,1 mg
Bei Wildpflanzen u. Blättern	3- 5 mg	0 mg	10, 4 mg
Bei Nüssen, Mandeln usw.	25- 30 mg	0 mg	0, 3 mg
Getreide	36- 47 mg	0 mg	0,5 mg

Konz, Franz: Der grosse Gesundheits- KONZ, Seite 1176

M3   Beitrag der Ernährung zum Treibhauseffekt in Deutschland

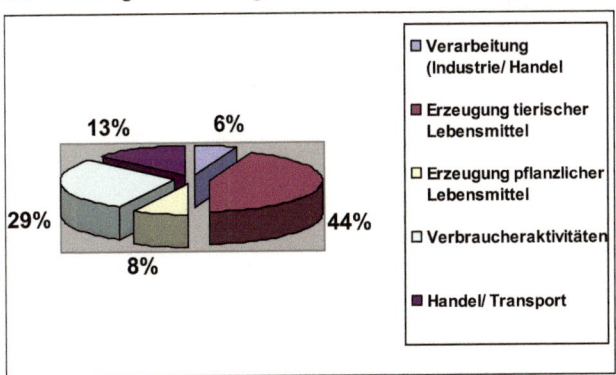

Koerber, Karl von; Kretzschmar. Jürgen; Schlatzer, Martin: Ernährung und Klimaschutz – Wichtige Ansatzpunkte für Verantwortungsbewusstes Handeln

M4   „Die Seuchen der Zukunft"

Die Fischer waren die ersten, die die rätselhafte Krankheit bekamen: Hautausschläge, offene Wunden, Müdigkeit, Benommenheit wie unter Drogen, dann extremer Gedächtnisverlust. Die Erkrankten sind nicht mehr in der Lage, von drei genannten Begriffen mehr als den letzten zu nennen. An der nordamerikanischen Küste im Bundesstaat Maryland geht seit Mitte der 90er Jahre die Angst um. Es stellte sich heraus, dass im Wasser gefährliche Pfisteria-Bakterien Fische befallen hatten und von diesen auf den Menschen übertragen wurden. Doch woher kam die Bedrohung, die man zuvor in dieser Gegend nicht gekannt hatte? In der Fernsehsendung „Die Seuchen der Zukunft" (VOX, 6.4.02) wurde die Vermehrung der Bakterien auf die Viehzucht zurückgeführt. Am Oberlauf der Flüsse, die in Maryland ins Meer münden, befinden sich riesige Schweinezucht-Anlagen. Sie produzieren soviel Exkremente wie die Einwohner der Bundesstaaten New York und Kalifornien zusammen. Durch Verunreinigung der Gewässer haben die gefährlichen Erreger ideale Lebensbedingungen.

„Hört auf, eure Mitgeschöpfe, die eure Tiergeschwister sind, zu verzehren! Hört auf, sie zu quälen durch Tierversuche und durch Freiheitsentzug, indem ihr sie in Ställen haltet, die tierunwürdig sind!" Dies sprach Gott, der Schöpfergeist, durch das Prophetische Wort am 27.2.2001 . Und Er fuhr fort, dass neue Krankheiten ähnlich wie Seuchen über die Menschen hereinbrechen werden.

Und sind diese Erkrankungen in den USA nicht Beweis dafür, dass Seuchen, die mit der lebensverachtenden Tierzucht in enger Beziehung stehen, längst Gegenwart sind? Und ist das womöglich erst der Anfang?

Gabriele Stiftung: Die Seuchen der Zukunft. In: Das Friedensreich

M5 Zusammenfassende nutritive und metabolisch-epidemiologische Bewertung der Lebensmittelgruppen

	Mikronähr-stoffdichte	Erkrankungen	Risiko	Evidenz
Obst und Gemüse	Hoch	Tumoren des Magens, Kolons und Rektums	↓	Wahrscheinlich
		Tumoren des Munds, Rachens und der Ovarien, Brust, Blase und Nieren	↓	Möglich
		Kardiovaskuläre Erkrankungen	↓	Überzeugend
		Diabetes Typ 2	↓	Unzureichend
		Osteoporose	↓	möglich
Vollkornprodukte	Mittel	Tumoren des Kolons und Rektums	↓	möglich
		Kardiovaskuläre Erkrankungen	↓	wahrscheinlich
		Diabetes Typ 2	↓	wahrscheinlich
Auszugsmehl-Produkte	niedrig	Tumoren des Kolons und Rektums	↑	möglich
		Diabetes Typ 2	↓	möglich
Hülsenfrüchte/ Soja	mittel	Tumoren der Brust, des Endometriums und der Prostata (Soja)	↓	unzureichend
		Tumoren der Brust, des Endometriums (Soja)	↑	unzureichend
		Tumoren des Kolons und Rektums	↓	unzureichend
		Kardiovaskuläre Erkrankungen	↓	unzureichend
Nüsse	Mittel	Kardiovaskuläre Erkrankungen	↓	wahrscheinlich
		Diabetes Typ 2	↓	unzureichend
		Gallensteine	↓	möglich
Milch und Milchprodukte	Mittel	Tumoren des Kolons und des Rektums	↓	möglich
		Tumoren der Prostata und der Ovarien	↑	möglich
		Osteoporose	↓	unzureichend
Eier	mittel	Tumoren des Kolons, Rektums und der Brust	↑	möglich
		Kardiovaskuläre Erkrankungen	↑	möglich

Ströhle, Alexander; Waldmann, Annika; Wolters, Maike; Hahn, Andreas: Vegetarische Ernährung: Präventives Potenzial und mögliche Risiken: Lebensmittel tierischer Herkunf und Empfehlungen

33

M5   Vergleich glücklicher und zufriedener Tiere mit traurigen leidenden Tieren

Die Stute mit ihrem Fohlen macht einen zufriedenen und entspannten Eindruck. Sie hat die Augen halb geschlossen und döst vor sich hin. Das Fohlen steht dicht bei der Mutter und fühlt sich sicher. Es ist interessiert an seiner Umwelt. Dies ist erkennbar am Ohrenspiel. Die Katze liegt auf dem Balkongeländer in Drei Metern Höhe und träumt vor sich hin. Ein Bein baumelt herunter und sie hat den Kopf seitlich über die Pfoten gelegt. Auch sie macht eindeutig einen zufriedenen und glücklichen Eindruck.

http://www.tiere-in-not-griechenland.de   http://www.wdr.de

Der Hund liegt zusammengekauert da, lässt die Ohren hängen und macht einen verzweifelten Eindruck. Die Katze hat eine geduckte Körperhaltung und auch an ihrem Blick ist hier deutlich zu erkennen, dass sie sich nicht wohl fühlt.

In Anbetracht dieser wenigen Bilder kann festgestellt werden, dass Tiere Gefühle bzw. eine Seele haben und ihr innerer Gemütszustand, wie bei Menschen auch, rein äußerlich schon erkennbar ist.

V   Zitierverzeichnis

Byrne Rhonda: *The Secret*. 8. Auflage. München: Wilhelm Goldmann Verlag, 2007

Goethe, Johann Wolfgang: *Faust: Der Tragödie zweiter Teil*. 28. Auflage. Leipzig: Verlag
Philipp Reclam, 1978

Gute Nachricht für Dich: Die Bibel. Stuttgart: Deutsche Bibelgesellschaft, 2000

Wolf, Jean-Claude: *Tierethik: Neue Perspektiven für Menschen und Tiere*. Freiburg,
Schweiz: Paulusverlag

Zürrer, Ronald; Risi, Armin: *Vegetarisch Leben: Die Notwendigkeit fleischloser Ernährung*.
5. Auflage. Ravensburg: Govinda- Verlag, 1999

http://www.cosmopan.de/index2.html

Baumgartl, Karlheinz: *Der erste Schritt aus dem Teufelskreis: Die Alternative*.
2.Auflage. Internet- Edition 2000

http://www.universelles-leben.org/cms/tiere-bitten-lasst-uns-leben/esst-kein.fleisch-
warum/globale-folgen/fleischessen-schaedigt-das-klima.html

http://veganchris.at/jurisch.pdf

http://www.vegetarisch-geniessen.com/0503/artikel/bibel/index.html

http://www.zurwahrheit.de/ download.htm

Berner Rudi: Auf ein Wort

The Secret- Das Geheimnis. TS Production LLC, 2006, Outtakes. 2 min 32 sec.

VI   Quellen

Berger- von der Heide, Thomas; Oomen, Hans- Gert: *Entdecken und Verstehen 5*. Berlin: Cornelsen, 2004

Broschüre: *Esst kein Fleisch!* Universelles Leben e.V.

Byrne Rhonda: *The Secret*. 8. Auflage. München: Wilhelm Goldmann Verlag, 2007

Gabriele Stiftung: *Die Seuchen der Zukunft*. In: Das Friedensreich. 2002, Nr. 6, Seite 6

Goethe, Johann Wolfgang: *Faust: Der Tragödie zweiter Teil*. 28. Auflage. Leipzig: Verlag Philipp Reclam, 1978

Gute Nachricht für Dich: Die Bibel. Stuttgart: Deutsche Bibelgesellschaft, 2000

Hahn, Andreas; Waldmann, Annika: *Gesund mit reiner Pflanzenkost?*

Koerber, Karl von; Kretzschmar. Jürgen; Schlatzer, Martin: *Ernährung und Klimaschutz – Wichtige Ansatzpunkte für Verantwortungsbewusstes Handeln*. Ernährung im Fokus, 2007

Konz, Franz: *Der grosse Gesundheits- KONZ*. München: Universitas, 1995

Krebs, Angelika: *Nathurethik: Grundtexte der gegenwärtigen tier- und ökoethischen Diskussion*. Frankfurt am Main: suhrkamp, 1977

Ströhle, Alexander; Waldmann, Annika; Wolters, Maike; Hahn, Andreas: *Vegetarische Ernährung: Präventives Potenzial und mögliche Risiken: Teil 1: Lebensmittel pflanzlicher Herkunft*. Wien: Springer Verlag, 2006

Ströhle, Alexander; Waldmann, Annika; Wolters, Maike; Hahn, Andreas: *Vegetarische Ernährung: Präventives Potenzial und mögliche Risiken: Lebensmittel tierischer Herkunft und Empfehlungen*. Wien: Springer Verlag, 2006

Wolf, Jean-Claude: Tierethik*: Neue Perspektiven für Menschen und Tiere*. Freiburg, Schweiz: Paulusverlag

Zürrer, Ronald; Risi, Armin: *Vegetarisch Leben: Die Notwendigkeit fleischloser Ernährung*. 5. Auflage. Ravensburg: Govinda- Verlag, 1999

http://www.aerztezeitung.de/medizin/krankheiten/krebs/?sid=479562

http://www.cosmopan.de/index2.html

Baumgartl, Karlheinz: Der erste Schritt aus dem Teufelskreis: Die Alternative. 2. Auflage. Internet- Edition 2000

http://www.cosmopan.de/index2.html

Info 22, Über den Vegetarismus 1.Teil, Zur Wiederbelebung einer edlen Geisteshaltung

http://www.cosmopan.de/index2.html

Info 23, Über den Vegetarismus 2.Teil, Pecus – Pecunia

http://www.cosmopan.de/index2.html

Info 35, Die Barbarei der Viehzüchter, "Das schwärzeste Verbrechen" (Deschner) wird vielfach subventioniert

http://www.cosmopan.de/index2.html

Info 32, Die Germanen 3.Teil, Unsere Vorfahren als Vegetarier (Vegetarismus 3. Teil)

http://www.fleisch-macht-krank.de/Fachartikel/Fleisch_Fachartikel.htm

http://www.garcia-buch.de/Buchvorstellung_-_Teil_I/buchvorstellung_-_teil_i.html

http://rohkost.info/2007/09/17/forschungen-belegen-klar-warum-tierfleisch-nicht-gut-fur-uns-ist/

http://www.spiegel.de/wissenschaft/natur/0,1518,495414,00.html

http://www.theologe.de/theologe7.htm

http://www.tiere-in-not-griechenland.de/resources/_wsb_414x310_HUNDE+VOR+DEM+TOD+077.jpg

http://www.universelles-leben.org/cms/tiere-bitten-lasst-uns-leben/esst-kein-fleisch-warum/globale-folgen/fleischessen-schaedigt-das-klima.html

http://veganchris.at/jurisch.pdf

http://www.vegetarisch-geniessen.com/0503/artikel/bibel/index.html

http://www.vegetarismus.ch/heft/2006-1/fleischskandal.htm

http://www.wdr.de/studio/dortmund/wdrpunkt/service/umwelt/img/arche.jpg

http://www.zurwahrheit.de/ download.htm

Berner Rudi: Auf ein Wort.

The Secret- Das Geheimnis. TS Production LLC, 2006

VII   Danksagung

Ich möchte abschließend den Menschen danken, die mit ihrem Wissen das meine mehrten.

Ich möchte den Verfassern danken, deren Texte ich zitiert habe und auch denen, die ich dafür nicht um Erlaubnis fragen konnte. Sie mögen mir dies nachsehen.

Und ich danke denen, die sich für die Veränderungen, die wir zusammen anstreben, unermüdlich einsetzen.

(zitiert aus: Fröhner, Holger: Initiative für Demokratie und Rechtstaatlichkeit: Die Jahrhundertlüge)